BEI GRIN MACHT SICH IHR WISSEN BEZAHLT

- Wir veröffentlichen Ihre Hausarbeit, Bachelor- und Masterarbeit

- Ihr eigenes eBook und Buch - weltweit in allen wichtigen Shops

- Verdienen Sie an jedem Verkauf

Jetzt bei www.GRIN.com hochladen und kostenlos publizieren

Nicole Rother

Der Medieneinsatz an Berufsbildenden Schulen

Eine Untersuchung anhand der Berufsfachschule

GRIN Verlag

Bibliografische Information der Deutschen Nationalbibliothek:

Die Deutsche Bibliothek verzeichnet diese Publikation in der Deutschen Nationalbibliografie; detaillierte bibliografische Daten sind im Internet über http://dnb d-nb.de/ abrufbar.

Dieses Werk sowie alle darin enthaltenen einzelnen Beiträge und Abbildungen sind urheberrechtlich geschützt. Jede Verwertung, die nicht ausdrücklich vom Urheberrechtsschutz zugelassen ist, bedarf der vorherigen Zustimmung des Verages. Das gilt insbesondere für Vervielfältigungen, Bearbeitungen, Übersetzungen, Mikroverfilmungen, Auswertungen durch Datenbanken und für die Einspeicherung und Verarbeitung in elektronische Systeme. Alle Rechte, auch die des auszugsweisen Nachdrucks, der fotomechanischen Wiedergabe (einschließlich Mikrokopie) sowie der Auswertung durch Datenbanken oder ähnliche Einrichtungen, vorbehalten.

Impressum:

Copyright © 2012 GRIN Verlag GmbH
Druck und Bindung: Books on Demand GmbH, Norderstedt Germany
ISBN: 978-3-656-43288-3

Dieses Buch bei GRIN:

http://www.grin.com/de/e-book/214056/der-medieneinsatz-an-berufsbildenden-schulen

GRIN - Your knowledge has value

Der GRIN Verlag publiziert seit 1998 wissenschaftliche Arbeiten von Studenten, Hochschullehrern und anderen Akademikern als eBook und gedrucktes Buch. Die Verlagswebsite www.grin.com ist die ideale Plattform zur Veröffentlichung von Hausarbeiten, Abschlussarbeiten, wissenschaftlichen Aufsätzen, Dissertationen und Fachbüchern.

Besuchen Sie uns im Internet:

http://www.grin.com/

http://www.facebook.com/grincom

http://www.twitter.com/grin_com

TECHNISCHE UNIVERSITÄT CHEMNITZ

Professur für Berufs- und Wirtschaftspädagogik

MAKRODIDAKTIK

SOMMERSEMESTER 2012

Wie erfolgt der Medieneinsatz an Berufsbildenden Schulen und in welcher Hinsicht wird dadurch die Unterrichtsqualität bei den Adressaten verbessert?

Eine Untersuchung am Beispiel der Berufsfachschule

1. Inhaltsverzeichnis

1. Inhaltsverzeichnis..1
2. Einleitung...2
3. Problemstellung und entsprechende Vorgehensweise.................3
4. Der Begriff der Unterrichtsqualität..4
5. Die Berufsfachschule...6
    5.1 Allgemeine Informationen zur Berufsfachschule............................6
    5.2 Die Medien an der Berufsfachschule..8
6. Arten von Medien im Unterricht – in Lernumgebungen.................9
7. Auswahl von Ausbildungs- und Arbeitsmitteln – Medien.............9
8. Resümee..12
9. Literaturverzeichnis..14
10. Anhangsverzeichnis...15
    10.1 Abbildung 0-1: Medien beruflichen Lernens – Auswahlkriterien...................16
    10.2 Abbildung 1-1: Erfahrungskegel nach Dale................................17

2. Einleitung

„Unterricht ist eine geniale Erfindung [...]."[1] Dem kann nur zugestimmt werden, denn diese Erfindung „ist circa 4500 Jahre alt"[2] und heute immer noch aktuell. Der Unterricht hat nicht als Funktion seine Adressaten zu drillen oder zu bevormunden. Nein, vielmehr wird es nur manchmal so empfunden! Der „Unterricht macht es möglich die heranwachsende Generation zügig und effektiv auf das Leben in der Gemeinschaft und auf die spätere Berufstätigkeit vorzubereiten."[3] Schulkritiker behaupten, die Schule verhindere das Sammeln von Erfahrungen und ersetze dies durch Belehrungen. Aber gerade dieser Zusammenhang scheint für hochtechnisierte und auf Arbeitsteilung ausgerichtete Wissensgesellschaften wichtig zu sein. Die Schulen sorgen täglich für effizientes Lernen und halten andere gesellschaftliche Orte und Einrichtungen frei von 'erfahrungswilligen' Menschen. Denn, nehmen wir einmal an, alle Schüler die es in Deutschland gibt, würden täglich durch die Städte streifen, nur um Erfahrungen für ihr Leben sammeln zu können. Dieser Zustand wäre undenkbar und würde wahrscheinlich das gesamte wirtschaftliche und gesellschaftliche Leben lahmlegen.[4] Um die Realitätsnähe im Unterricht trotzdem gewährleisten zu können, werden an Berufsbildenden Schulen verschiedene Medien verwendet. An dieser Stelle kann auch von Lehr-, Arbeits-, Anschauungs- und Lernmitteln gesprochen werden.[5] Da die Medien in unserer heutigen Informations- und Wissensgesellschaft immer mehr an Bedeutung gewinnen, sind sie auch an beruflichen Schulen ein wichtiger „Bestandteil der Lern- und Arbeitsumgebung"[6]. Während der beruflichen Bildung ist es wichtig, nicht nur die Theorie zu verinnerlichen, sondern diese auch in die Realität umsetzen zu können. Was nützt es einem Informatiker, wenn er weiß, wie ein Computer aufgebaut ist und wozu welches Teil in ihm verbaut ist, wenn er doch in der Realität die entsprechende Hardware nicht aus- und umbauen kann? Die Medien repräsentieren uns eine soziale Umgebung, in welcher der „Mensch seine ‚Realität' konstruiert.".[7] So sollte der eben genannte Informatiker schon während seiner Ausbildung, mit praxisnahen Medien konfrontiert worden sein. Beispielsweise mit verschieden aufgebauten Computern, damit er später im Berufsleben nicht auf solche Probleme stößt.

---

[1] Meyer, Hilbert, 2010, S.54.
[2] Meyer, Hilbert 2010, S.54.
[3] Meyer, Hilbert, 2010, S.54.
[4] Vgl. Meyer, Hilbert, 2010, S.54.
[5] Vgl. Pahl, Jörg-Peter, 2007, S.538 f..
[6] Pahl, Jörg-Peter, 2007, S.540.
[7] Tenberg, Ralf, 2001, S. 37.

3. Problemstellung und entsprechende Vorgehensweise

Wie wichtig Medien an Berufsbildenden Schulen sind, wozu sie genutzt werden, wie sie die Unterrichtsqualität beeinflussen und welche Probleme es dabei geben könnte, soll in der folgenden Arbeit näher analysiert werden. Innerhalb der Betrachtung können natürlich nicht alle relevanten Medien des Unterrichts betrachtet werden, es wird sich daher auf bestimmte Unterrichtsmedien beschränkt. Als Betrachtungsbeispiel wird hierzu die Berufsfachschule herangezogen. Zur Vorgehensweise: Zunächst werden allgemeine Informationen zur Unterrichtsqualität und Berufsfachschule gegeben, dann soll ein Einblick in die verwendeten Medien an der Berufsfachschule gewährt werden und es müssen Aussagen darüber getroffen werden, welche eventuellen Probleme beim Einsatz der Medien auftreten könnten. Abschließend wird es ein Resümee geben, welches die Kernaussagen der Arbeit auf den Punkt bringt.

4. Der Begriff der Unterrichtsqualität

„Unterrichtsqualität als Metakonstrukt richtet sich auf die Optimierung des schulischen Lernens im Hinblick auf kognitive und psychosoziale Zielkriterien und beinhaltet damit mehr als nur die reine Beschreibung von Eigenschaften („Qualitäten") der unterrichtlichen Interaktion."[8] Es lassen sich daher verschiedene Einflussfaktoren des Unterrichts nennen. Zum einen gibt es gute und schlechte Lehrerinnen sowie Lehrer, sie sind aber nicht nur gut oder schlecht, sondern fächer- und schülerspezifisch gut. Anderseits gibt es da die leistungsstärkeren und leistungsschwächeren Schüler. Die einen sind auf ein arbeits- und lernfreundliches Klima angewiesen, andere wiederrum nicht.[9] Das aber soll nur eine kleine Auswahl von Einflussfaktoren darstellen. Meyer Hilbert hat dazu ein ‚Kuchenmodell' skizziert, in diesem gibt es ungefähre Prozentangaben welche Einflussfaktoren es für einen erfolgreichen Unterricht gibt.[10] Daraus wird ersichtlich, dass 25 Prozent „des Lernerfolgs auf den Faktor Unterrichtsqualität und Lehrkompetenz zurückzuführen ist[…]."[11] Diese 25 Prozent sind nur eine ungefähre Angabe, denn der Einfluss bestimmter Lehrer liegt weitaus höher. Unterrichtsqualität lässt sich dennoch nicht unmittelbar messen, sie kann nur übermittelt werden, d.h. über Schülerurteile, durch Lehrer oder Unterrichtsbeobachter. Auf Grundlage dieser drei Quellen werden Einschätzungen zur Qualität von Unterricht vorgenommen.

---

[8]Clausen, Marten, 2002, S.13.
[9]Meyer, Hilbert, 2010, S.137f..
[10]Meyer, Hilbert, 2010, S.138.
[11]Meyer, Hilbert, 2010, S.139.

5. Die Berufsfachschule

Das Bildungsangebot der Berufsfachschulen ist sehr breit gefächert, so bilden sie beispielweise Fremdsprachenberufe, sozialpflegerische Berufe oder handwerkliche Berufe aus. Darüber hinaus, kann unter bestimmten Voraussetzungen sogar die Fachhochschulreife erlangt werden.[12]

5.1 Allgemeine Informationen zur Berufsfachschule

Diese Schulen leisten einen wichtigen Beitrag zur Ausbildung von Berufen. Dabei muss in die teil- und vollqualifizierende Berufsfachschule differenziert werden, auch diese beiden Formen können noch weiter gegliedert werden.[13] Während die teilqualifizierenden Abteilungen die schulischen Grundbildungsgänge übernehmen, widmen sich die vollqualifizierenden Abteilungen den Bildungsgängen, die „zu einem Abschluss in einem anerkannten Ausbildungsberuf" führen und die, die „zu einem Berufsabschluss" führen.[14] Heutzutage wird an Berufsfachschulen in Vollzeit unterrichtet. Für ihren Besuch sind keinerlei Voraussetzungen nötig. Lediglich ein Realschulabschluss wird für vollqualifizierende Ausbildungsgänge benötigt, wiederum andere Ausbildungsgänge können mit Hauptschulabschluss besucht werden. Die Berufsfachschule stellt eine Erweiterung zur allgemeinen Bildung dar und soll entweder zur Berufsausbildung hin oder zu einem Ausbildungsabschluss führen.[15] Der Unterricht beinhaltet allgemeinbildende und fachliche Bereiche. Realschulabsolventen können innerhalb von zwei Jahren einen anerkannten Ausbildungsberuf erlangen, wie beispielsweise ‚Staatlich geprüfter kaufmännischer Assistent'.[16] Die Berufsfachschulen sind gegenwärtig gut besucht, dennoch weisen sie auch viele Schwachpunkte auf, wie Carl- Heinz Doose meint. Im teilqualifizierenden Sektor finden sich unklare berufliche Perspektiven. Die Struktur der Schulen ist nur schwer auf das duale System anrechnungsfähig und inhaltliche Standards für die Abschlüsse gibt es auch nicht. Bundesweit fehlt außerdem noch der Rahmenlehrplan, denn von Bundesland zu Bundesland wird nach einem anderen Lehrplan unterrichtet.[17] Da die Berufsfachschulen nicht mit den Betrieben kooperieren, könnte das besonders für die Ausbildung von Berufen, in denen mit sehr vielen kostenintensiven Maschinen gearbeitet wird, ein Problem darstellen. Auch der praxisorientierte Unterricht

---

[12] Vgl. KMK 2012.
[13] Vgl. Pahl, Jörg-Peter, 2007, S.111.
[14] Pahl, Jörg-Peter, 2007, S.111.
[15] Vgl. Pahl, Jörg-Peter, 2007, S.112.
[16] Vgl. Pahl, Jörg-Peter, 2007, S.113.
[17] Vgl. Pahl, Jörg-Peter, 2007, S.114.

kann an dieser Stelle nicht weiterhelfen, da viele Berufsfachschulen nicht über die finanziellen Mittel für die technische Ausstattung verfügen.[18]

5.2 Die Medien an der Berufsfachschule

Sowohl an der teilqualifizierenden Berufsfachschule, als auch im Berufsgrundbildungsjahr werden die gleichen Medien verwendet, z.B. Geräte, Maschinen, Versuchseinrichtungen und verschiedene Werkzeuge, aber auch Lern- und Arbeitsbücher.[19] Schulformspezifische Medien lassen sich an diesen Berufsfachschulen nicht finden. Anders ist das bei vollqualifizierenden Berufsfachschulen, denn da müssen die Schülerinnen und Schüler eine „berufspraktische Ausbildung" erhalten.[20] An diesen Schulen gibt es Labore, Werkstätten und auch Büros, die die Arbeits- und Berufswirklichkeit wiederspiegeln sollen. Berufsspezifische Medien sind notwendig, da die Ausbildung an Berufsfachschulen ausschließlich an der Schule erfolgt. Ausnahmen bilden hier spezifische Praktika. Genau wie andere Berufsbildende Schulen, verwendet auch die Berufsfachschule die neuen Medien, z.B. den Computer. Entsprechende Lernplattformen werden im Internet angeboten, in denen sich die Schüler einloggen und die vielfältigen Möglichkeiten des Mediums nutzen können.[21] An der vollqualifizierenden Berufsfachschule sind „die Computer und Simulationsgeräte, mit denen berufliche Verrichtungen und Arbeitsweisen eingeübt werden können, berufsrelevant."[22] Zusammenfassend dazu lässt sich sagen, dass es lediglich für vollqualifizierende Berufsschulen schulformspezifische Medien gibt. Beispielsweise die Bereitstellung der Arbeitsmittel für die Ausbildung der Assistentenberufe, welche viel in Laboratorien arbeiten müssen. In diesem Fall sind die „Geräte als Medien zugleich Arbeitsmittel und Lerninhalt."[23]

6. Arten von Medien im Unterricht – in Lernumgebungen

Lehren und Lernen dienen dem Zweck, bei der Ausbildung und dem Erwerb von Handlungskompetenz zu helfen. Dabei produziert die Lehrkraft Situationen, in welchen Schülerinnen und Schülern angeregt werden, eigene Erfahrungen zu sammeln. Die Lehrkraft wendet dazu verschiedene Methoden an, um den Adressaten eine entsprechende Lernumgebung zu schaffen.[24] Dieser Prozess lässt sich aus handlungstheoretischer Sicht

---

[18] Vgl. Pahl, Jörg-Peter, 2007, S.115.
[19] Vgl. Pahl, Jörg-Peter, 2007, S.553.
[20] Pahl, Jörg-Peter, 2007, S.553.
[21] Vgl. Pahl, Jörg-Peter, 2007, S.553.
[22] Pahl, Jörg-Peter, 2007, S.553.
[23] Pahl, Jörg-Peter, 2007, S.553.
[24] Vgl. Tenberg, Ralf, 2001, S.46.

als „Ablauf von Denk- und Handlungszyklen verschiedener Subjekte"[25] bezeichnen. Innerhalb des Prozesses nimmt der Lernende Informationen auf, reflektiert sie und handelt entsprechend. Der Lehrer hingegen stellt das Material zur Verfügung, reagiert auf eventuelle Fragen und Handlungsergebnisse seiner Schüler. Die Medien stellen in diesem Handlungsablauf die Schnittstelle zwischen den Individuen – Lehrer und Schüler – dar.[26] Ihnen obliegen wichtige Funktionen, Medien dienen als Kommunikationsplattform, als Repräsentanten von Inhalten, als Transporteur von Informationen und sie sind Handlungsräume.[27] Für den berufsorientierten Fachunterricht sollen sie als Hilfsmittel dienen, um Realitätsnähe zu schaffen. Genau aus diesem Grund werden sie in der beruflichen Bildung als Lehr-, Lern- und Arbeitsmittel bezeichnet. Beim beruflichen Lernen kann eine wichtige Unterscheidung in Primärmedien (z.B. Sprache, Gestik), Sekundärmedien (z.B. Gegenstände der Berufsrealität, Werkzeuge), Tertiärmedien (z.B. Lernprogramm) und quartäre Medien zur Veranschaulichung interaktiver Lernprozesse (z.B. Computerprogramme) vorgenommen werden.[28] Sowohl in der teil- als auch in der vollqualifizierenden Berufsfachschule wird von Ausbildungsmedien gesprochen, wenn die jeweiligen Informationen in „abbildhafter und symbolischer Form mit Hilfe technischer Einrichtungen übertragen, gespeichert oder verarbeitet und in kommunikativen Zusammenhängen wiedergegeben werden.".[29] Die Medien werden als Mittel der Kommunikation gesehen, müssen dabei aber nicht zwingend Informationen transportieren, können jedoch als Auslöser für den Erwerb von ausbildungsbedeutsamen Inhalten dienen. Günter Pätzold nimmt eine übersichtliche Unterscheidung der Ausbildungsmittel vor. Nach ihm können Originalgegenstände der Arbeitswelt oder modellhafte Vermittlungshilfen als Ausbildungsmittel genutzt werden. Originalgeräte heißt Maschinen oder Werkzeuge, die auch tatsächlich in Betrieben genutzt werden. Außerdem unterscheidet er Ausbildungsmittel für Lehrende (Lehrmittel) und Lernende (Lernmittel) und eine weitere Differenzierung ist hinsichtlich der Lernzielbezogenheit möglich.[30] Die Lernzielbezogenheit scheint hier ein wichtiger Aspekt zu sein, denn es werden dabei nur die Medien eingesetzt, die zum Lernziel führen. Wenn das Lernziel beispielsweise ‚Erlernen von Grundlagen der Wirtschaftsmathematik" ist, dann erscheint es nicht sinnvoll das Medium ‚Maschine' einzusetzen. Viel wichtiger ist es z.B. adäquate Lehrbücher und

---

[25] Tenberg, Ralf, 2001, S.47.
[26] Vgl. Tenberg, Ralf, 2001, S.47.
[27] Vgl. Tenberg, Ralf, 2001, S.50.
[28] Vgl. Pahl, Jörg- Peter, Berufsfachschule, 2009, S.472.
[29] Tulodziecki, Gerhard, 1999, S.294.
[30] Vgl. Pahl, Jörg- Peter, 2009, S.473.

das Medium ‚Tafel' zu nutzen. Der Medieneinsatz sollte, unter Beachtung der anzusprechenden Sinne, gründlich durchdacht erfolgen, da die Ausbildungs- und Arbeitsmittel über die entsprechenden Sinne aufgenommen werden. Eine Unterscheidung der Medien nach Ansprache der Sinne nimmt Andreas Schelten vor. Nach ihm können sie olfaktorisch (Geruchssinn), auditiv, visuell, gustatorisch (Geschmackssinn), kinästhetisch (Bewegungssinn) oder auch taktil (Berührungssinn) wahrgenommen werden.[31] Gerade bei der Arbeit mit Maschinen wird der Hörsinn angesprochen, oder beim technischen Zeichnen der Sehsinn, ein weiteres Beispiel stellt der Bewegungs- oder Tastsinn dar, sie sind wichtig für konkrete Handlungsabläufe. Bei der Ausbildung pharmazeutisch-technischer Assistenten werden Geruchs- oder Geschmacksproben verschiedener Waren verwendet, auch das zeigt wieder, wie praxisnah der Unterricht doch gestaltet wird. Besonders vorteilhaft erscheint es allerdings, wenn gleich mehrere Sinne angesprochen werden.[32] Dieser Zusammenhang scheint logisch, denn je mehr Sinne angesprochen werden, desto mehr bleibt von dem Erlernten im Gedächtnis. Das ist auch bekannt aus der allgemeinbildenden Schule. Häufig werden Lerntypen unterschieden, z.B. visueller und auditiver Lerntyp. Beim auditiven Lerntyp ist es wichtig, Informationen zu hören, also mit dem Hörsinn aufnehmen zu können. Während der visuelle Lerntyp bildhaft oder schematisch dargestellte Informationen besser aufnehmen und behalten kann. Ähnlich wie in diesen einfachen Beispielen, stellt sich auch das Lernen an der Berufsfachschule dar. Werden Hör-, Seh- und Tastsinn gleichzeitig angesprochen, dann können die Schüler das Erlernte später in der Berufswelt besser anwenden und sich daran erinnern. Diese drei Sinne werden bspw. bei der Arbeit mit Maschinen angesprochen. Der Auszubildende hört dabei die Geräusche die sie verursacht, sieht wie sie arbeitet und bei der Bedienung diese Apparatur wird auch der Tastsinn angesprochen. Als Ausbildungs- und Arbeitsmittel haben Medien in der Berufsausbildung einen besonderen Stellenwert. Sie sollen fehlende Anschauung, sowie Erfahrungen aus dem Beschäftigungssystem kompensieren. Beim Besuch einer Berufsfachschule fallen direkt die aus der Arbeitswelt entnommenen Medien auf. Beispielsweise Laboratorien beinhalten Originalgeräte, es lassen sich Büroeinrichtungen oder auch Werkstätten vorfinden.[33] Andreas Schelten unterscheidet auch an dieser Stelle zwischen „Medien als Demonstrationsmittel, Arbeitsmittel und Motivationsmittel".[34] Im Unterricht an einer teilqualifizierenden Berufsfachschule können

---

[31] Vgl. Pahl, Jörg- Peter, 2009, Bertelsmann, S.473.
[32] Vgl. Pahl, Jörg- Peter, 2009, Bertelsmann, S.473.
[33] Vgl. Pahl, Jörg- Peter, 2009, S.474.
[34] Pahl, Jörg- Peter, 2009, S.387.

Arbeitsgegenstände und Werkzeuge als Anschauungsmittel, sogenanntes Demonstrationsmittel eingesetzt werden. Besonders an vollqualifizierenden Berufsfachschulen sind Originalgeräte aus der Berufswelt in der entsprechenden Lernumgebung wichtig, denn nur so können Lerninhalte anschaulich und berufsnah vermittelt werden. Ausbildungs- sowie Arbeitsmittel dienen hier lediglich der Unterstützung des Lernprozesses, weil Praxisnähe eben nicht durch Nachschlagewerke, Tabellenbücher oder Nachbildungen von Geräten erreicht werden kann. Nur mit originalen Geräten kann der Schüler das Arbeiten erfahren und Wirkungsprinzipien verstehen. Mit den Arbeitsmitteln kann handlungsorientiertes Lernen und berufsrelevantes Arbeiten erreicht werden. Diese können auch als Unterlagen eines Betriebes in Papierform vorliegen. Zu ihnen zählen bspw. Nachschlagewerke, Sachbücher, Lehr- und Lernbücher.[35] Motiviert werden Schüler besonders durch praxisnahe Geräte oder Räume, so bekommen sie einen Einblick in die angestrebte Arbeit und regen dadurch das Interesse an ihr an. Durch Anschauung wird also Interesse geweckt. Das kann auch durch einen entsprechenden Film zur Thematik passieren. Wenn das Thema lautet, ‚Gefahren bei der Arbeit mit Maschinen' und man zeigt ein dementsprechendes Video, kann die Betroffenheit zum Thema erreicht werden. Genauso stellt der Film auch ein Arbeitsmittel dar, da er zugleich auch Informationen weitergibt. Die Ausbildungs- und Arbeitsmittel sollen die Lernprozesse intensivieren aber auch erleichtern. Auch durch sie kann die Motivation des Schülers zum Lernen gestärkt werden.[36] Aber nicht nur praxisnahe Demonstrationsmittel, Arbeits- und Ausbildungsmittel erleichtern die Lern- und Lehrprozesse. Auch multimediales Lernen, worauf an dieser Stelle nicht weiter eingegangen werden kann, ermöglicht einfachere Darstellungen der Berufswirklichkeit. Eine weitere Unterscheidungsmöglichkeit des Medieneinsatzes ist der Erfahrungskegel von Dale (vgl. Abb. 0-1), die Medien sind hier aufgrund von Forschungen nach abnehmender Wirklichkeitserfahrung geordnet. An der Spitze des Kegels befinden sich Medien mit geringer Realitätsnähe, während die Basis des Kegels die Maßnahmen mit der größten Wirklichkeitserfahrung zeigt. Das bedeutet, Experimente Simulationen und Rollenspiele weisen direkte Erfahrungsmöglichkeiten auf. Deshalb befinden sie sich an der Basis des Kegels. Der Erfahrungskegel stellt somit einen kompletten Gegensatz zum herkömmlichen Unterricht dar, denn dieser ist sehr selten mit direkten Erfahrungswerten bestückt. Für einen Lernprozess, der dennoch auf Erfahrungen abzielt, bedeutet das, dass zuerst direkte

---

[35]Vgl. Pahl, Jörg- Peter, 2009, S.387f. .
[36]Vgl. Pahl, Jörg- Peter, 2009, S.475.

Erfahrungen gemacht werden, bevor ikonische oder symbolische Erfahrungen zum Vorschein kommen. Diese reformpädagogischen Züge sind immer darauf aus, den traditionellen Unterricht auf den Kopf zu stellen. Sie möchten vor allem Experimente, Demonstrationen und zielgerichtete Erfahrungen in den Unterricht integrieren.[37] Das Modell stellt eine traumhafte Vorstellung des beruflichen Unterrichts dar. Immer direkte Erfahrungen, viele Experimente und viele Rollen- und Schauspiele, eher schülerzentrierter und weniger lehrerzentrierter Unterricht. Doch so würde die Realität nicht funktionieren, es braucht einen Lehrer, der den Rahmen vorgibt und auch theoretischen Input liefert. Es ist an Schulen einfach nicht möglich, jede Unterrichtsstunde praxisnah zu gestalten, auch wenn sich die Lehrer noch so sehr darum bemühen.

7. Auswahl von Ausbildungs- und Arbeitsmitteln - Medien

Bei der Auswahl der Medien für den Unterricht ist es sinnvoll sich für die Repräsentationsform zu entscheiden, die der Wirklichkeit am ehesten entspricht. Das bedeutet, realitätsnahe Handlungen vor abbildhafter Veranschaulichung und dann erst symbolische Repräsentationen. Für die Unterrichtsgestaltung an der Berufsfachschule sind diejenigen Präsentationsformen von besonderer Bedeutung, die sich an der Arbeit und dem jeweiligen Sachgebiet orientieren, also audiovisuelle und visuelle Medien.[38] Charakteristisch für die Berufsfachschule ist ihre Ausstattung mit berufsorientierten Lern- und Arbeitsräumen, sowie Arbeits- und Ausbildungsmitteln. Die vorhandenen Medien und ihr Einsatz im Unterricht geben Auskunft über den Zustand der Schule. Bevor ein Schüler seine Ausbildungsstätte, seine Schule wählt, informiert er sich meist über sie. Dazu nutzen viele den Tag der offenen Tür an der Schule, um sich ein Bild über ihren zukünftigen Bildungsort zu verschaffen. Entspricht die Schule nicht ihren Wünschen und Vorstellungen, dann werden sie sich höchstwahrscheinlich nicht für sie entscheiden. Gerade bei Ausbildungen ist es wichtig, einen Einblick in das spätere Berufsfeld zu erlangen und schon während der gesamten Ausbildungszeit mit den Medien zu arbeiten, die einem auch im späteren Berufsleben begegnen werden. Dabei reicht es nicht aus, das Werkzeug bedient oder die Maschine gehört oder in einen Film gesehen zu haben. Letztlich sollte der Schüler mit den Geräten schon einmal gearbeitet und eigene Erfahrungen damit gemacht haben, damit er nicht ‚frisch' nach der Ausbildung auf die Geräte ‚losgelassen' wird. Aus diesem Grund ist es wichtig, dass die Berufsfachschule auch nach außen ihr Medienrepertoire zeigen und mit realitätsgetreuen Lernumgebungen

---

[37] Schelten, Andreas, 2009, S.239f..
[38] Vgl. Pahl, Jörg- Peter, 2009, S.475.

glänzen kann. Größere Anschaffungen von Geräten oder Medien sonstiger Art entscheidet der Schulträger mit. Die Auswahl der Medien für den Theorie- oder Praxisunterricht trifft die Lehrkraft selbst. Die Kriterien für eine solche Auswahl sind in erster Linie die Voraussetzungen der Lernenden, die vermittelnden Lehrinhalte und die Ziele des Unterrichts.[39] „Die ziel- und inhaltsspezifische Auswahl sowie der bildungstechnologisch und methodisch professionelle Einsatz von Medien unter Berücksichtigung der Voraussetzungen der Lernenden, können als ein wesentlicher Aspekt für die Gestaltung der Lernprozesse angesehen werden."[40] Die Lehrkraft hat damit die Aufgabe, das didaktisch spezifische des jeweiligen Mediums im Unterricht zu verdeutlichen und mit weiteren lernwirksamen Entscheidungen zu entfalten. Ausbildungs- und Arbeitsmittel sollen also je nach Grad der Wirksamkeit für das berufliche Lernen ausgewählt werden. Problem hierbei ist lediglich, dass für ein spezielles Themengebiet nur wenige Medien verfügbar sind. Ist das kostenintensive Medium doch vorhanden, dann gilt es für die Lehrkraft für den anstehenden Unterricht möglichst schnell darauf zuzugreifen. Meist sind diese nur in geringer Stückzahl oder als Unikat vorhanden. Ein großes Medienangebot wäre für die Berufsfachschulen wünschenswert, aber vordergründig aus finanziellen Gründen nicht realisierbar. Diese eingeschränkten Möglichkeiten stellen die Lehrkräfte, in Bezug auf den Medieneinsatz, vor eine Vielzahl von Schwierigkeiten. Damit diese Probleme wenigstens ein bisschen ausgeblendet werden können, nutzt die Berufsfachschule Medien, die anfänglich für andere berufliche Schulformen vorgesehen waren. Ganz im Gegensatz dazu steht das üppige Angebot von Schulbüchern. Jedoch erfolgt auch da eine Voreinschränkung durch die Kultusministerien, denn nur genehmigte Werke dürfen im Unterricht eingesetzt werden.[41] Neuen medialen Angeboten sollten Lehrkräfte auf jeden Fall offen entgegentreten. Gerade weil die Medien an beruflichen Schulformen rar gesät sind, dennoch ist es auch wichtig, dass die Lehrkräfte kritisch gegenüber diesen neuen Medien bleiben. Keinesfalls sollten altbewährte Arbeits- und Ausbildungsmittel verworfen werden, nur weil sie überholt erscheinen. Sie können für bestimmte historische Inhalte nützlich sein. Es nützt nichts, Medien willkürlich einzusetzen. Sie müssen schließlich einen Lernprozess unter so optimal wie möglichen Bedingungen auslösen. Diese Kriterien der Medienauswahl und ihr Einsatz ist bei dem, in unserer Informations- und Wissensgesellschaft vorherrschenden, großen Medienangebot kaum mehr so einfach möglich. Deshalb hat Pahl eine Checkliste entworfen, die den Prozess der Auswahl der

---

[39]Vgl. Pahl, Jörg- Peter, 2009, S.481f..
[40]Pahl, Jörg- Peter, 2009, S.482.
[41]Vgl. Pahl, Jörg- Peter, 2009, S.482.

Medien für das berufliche Lernen überschaubarer machen soll (vgl. Abb. 1-1).[42] Eine Frage aus dem Katalog lautet: „Lassen sich mit dem Medium wesentliche Kompetenzen vermitteln?". Beispielsweise ein Film, der die Handhabung eines Gerätes zeigt, kann unterstützend genutzt werden. Zum Erwerb der Kompetenz mit dem Gerät umzugehen, ist er jedoch nicht ausreichend. Beachtet der Lehrer diese Liste, dann scheint das Problem der Auswahl der Medien wenigstens teilweise gelöst. Tenberg hat schon vor einigen Jahren vorausgesagt, dass die Arbeit mit digitalen Informationssystemen im beruflichen Unterricht unumgänglich erscheint, da die herkömmlichen Medien in Kürze wegfallen werden.[43] Wie wir sehen können, hat sich das bisher nicht bewahrheitet, denn im Unterricht der beruflichen Schulen werden immer noch Arbeitsbücher und sonstige altbewährte Lehr- und Lernmaterialien verwendet. Dieser Zusammenhang lässt sich auch einfach beschreiben, ein beachtlicher Teil der beruflichen Fähigkeiten kann nur in der Realität erlernt werden, da bringt es nichts, wenn die Schüler Lernprogramme nutzen. Wäre die gesamte Zeit der Ausbildung nur so gestaltet, dass neue mediale Angebote verwendet werden, würde der Schüler oder fertig Ausgebildete völlig praxisfern ins Berufsleben entlassen. Er hätte wahrscheinlich erhebliche Schwierigkeiten beim Umgang mit den Geräten und sonstigen Arbeitsmitteln. Trotzdem muss Tenberg zugestimmt werden, dass komplexe Zusammenhänge multimedial simuliert, dadurch auch veranschaulicht und durch entsprechende Software die Experimente oder Geschäftsprozesse repräsentiert werden können. Multimedia bietet an dieser Stelle ein breites Spektrum an Möglichkeiten, was die Darstellungsweise anbelangt. Dennoch und das muss immer wieder betont werden, ist es unabdingbar, dass die Realitätsnähe an den Berufsfachschulen gewahrt wird. Ganz besonders müssen von der Berufsfachschule vielgestaltige aber auch spezifische Arbeits- und Ausbildungsmittel verlangt werden, um das Manko der fehlenden betrieblichen Anschauung auszugleichen. Um dies zu kompensieren genügt nämlich nicht ein einfaches Praktikum. Dennoch und das ist ein schwerwiegender Punkt, werden die finanziellen Möglichkeiten auch zukünftig die gewünschte mediale Ausstattung der Schulen begrenzen.[44]

---

[42] Vgl. Pahl, Jörg- Peter, 2009, S.483f..
[43] Vgl. Tenberg, Ralf, 2001, S.305.
[44] Vgl. Pahl, Jörg- Peter, 2009, S.483.

8. Resümee

Medien sind Vermittlungshilfen im Lehr- und Lernprozess. Sie lassen sich einteilen in Primär-, Sekundär-, Tertiär- und Quartärmedien, dabei dienen sie als Demonstrations-, Arbeits- und Motivationsmittel. Neben ihrer Funktion der Vermittlung lassen sie sich auch noch nach der Ansprache der Sinne einteilen. Eine entsprechende Unterteilung hat Andreas Schelten vorgenommen. Je mehr Sinne während des Lehr- und Lernprozesses angesprochen werden, desto besser können die Schüler das Erlernte behalten. Auch der Erfahrungskegel nach Dale ist hier nicht ganz unbedeutend. Es wurde also gezeigt, es gibt die verschiedensten Einteilungsmöglichkeiten der Medien, eine einheitliche Systematisierung ist bisher noch nicht möglich geworden. Aber nicht nur die Systematisierung der Medien führt zu Problemen, auch ihr Einsatz an den Berufsfachschulen ist teilweise problematisch. Einige Punkte wurden in der Arbeit schon beschrieben. So ist es schon problematisch, dass die Berufsfachschulen nicht mit Betrieben kooperieren. Die Schüler erhalten dadurch keinen Einblick in ihr späteres Berufsfeld und Praxiserfahrungen sind kaum mehr möglich. Der praxisorientierte Unterricht versucht an dieser Stelle Abhilfe zu schaffen und die Praxis durch entsprechend gestaltete Lernumgebungen in die Schule zu holen. Doch da zeigt sich schon das nächste Problem. Die Maschinen der Betriebe sind sehr teuer und für ihre Anschaffung erhalten die Schulen nicht genügend Unterstützung. Dadurch sind praxisnahe Maschinen und auch andere Gerätschaften an den Schulen nur Unikate. An vollqualifizierenden Berufsfachschulen gibt es einige solcher Medien, die versuchen, die Berufswirklichkeit zu verdeutlichen. Das sind beispielsweise reale Büroräume, Laboratorien und Werkstätten. Es ist wünschenswert für spezielle Themengebiete auch die adäquaten Medien zur Verfügung zu haben, jedoch aus finanziellen Gründen nicht realisierbar. Damit die Probleme und der Mangel an Medien überbrückt werden können, werden Medien genutzt, die ursprünglich für andere Schulformen gedacht waren. Dieser Zusammenhang ist bedauerlich, denn den Lernenden sollte schon die Möglichkeit gegeben werden, adäquate Lernvoraussetzungen zu erhalten und so einen „handlungsorientierten Lernprozess zu gewährleisten".[45] Außerdem ist es wichtig, dass sich der Lernende mit dem Sachgebiet vertraut machen kann, bevor es ihm in der Berufswirklichkeit begegnet. Nur so können Fähigkeiten und Fertigkeiten entwickelt, aus Fehlern gelernt und Verbesserungen vorgenommen werden. Im Großen und Ganzen wird sich an Berufsfachschulen schon bemüht, die ‚Realität ins Klassenzimmer zu holen'. Das Einzige, woran es immer scheitert, ist die finanzielle Unterstützung. In unserer so

---
[45]Pahl, Jörg- Peter, Berufsfachschule, 2009, S.390.

schnelllebigen Gesellschaft arbeiten die beruflichen Schulen auch unter erschwerten Bedingungen. Haben sie soeben eine Ausstattung erworben, ist diese schon wieder veraltet und die örtlichen Gegebenheiten in den Betrieben haben sich verändert.[46] Wie die zukünftigen Entwicklungen aussehen, kann jetzt leider noch nicht gesagt werden, eine Prognose hatte Ralf Tenberg schon 2001 gegeben. Er sagte, dass die neuen Medien, also die weitestgehend computerbasierenden, die altbewährten Medien bald ersetzen werden. Bisher ist dieser Fall noch nicht eingetreten. Jedoch, wenn man in die Vergangenheit schaut, kann ganz gut beobachtet werden, dass die neuen Medien immer mehr an Zuwendung gewonnen haben. Betrachten wir die Arbeitskräfte, so kann abschließend gesagt werden, dass die bisherigen Ausbildungsmittel und die bisherige Ausstattung der Schulen auch genügt hat, um gute bis sehr gut qualifizierte Mitarbeiter auszubilden. Denn auch altbewährte Mittel erfüllen ihren Zweck.

Um auf die Ausgangsfrage, inwieweit Medien an Berufsfachschulen die Unterrichtsqualität beeinflussen, zurückzukommen, soll nun eine kurze und knappe Antwort geliefert werden. Natürlich beeinflussen Medien die Unterrichtsqualität positiv, schon ganz allein wegen ihrer Anschaulichkeit. Den Lehrkräften wäre es ohne Anschauungsmittel nur unter erschwerten Bedingungen möglich, gut qualifizierte Arbeiter auszubilden. Es genügt nicht seinen Schülern zu erklären wie dies oder jenes funktioniert, es muss ihnen die Möglichkeit gegeben werden, selbst Erfahrungen zu machen. Oder anders ausgedrückt: „Die Praxis ist das Haarfärbemittel für die graue Theorie."[47]

---

[46]Vgl. Pahl, Jörg- Peter, 2009, S.393.
[47]Müller, Joachim, 2012

9. Literaturverzeichnis

Clausen, Marten (2002) Unterrichtsqualität: eine Frage der Perspektive? Analysen zur Übereinstimmung, Konstrukt- und Kriteriumsvalidität, Berlin: Waxmann.

Meyer, Hilbert (2010) Leitfaden Unterrichtsvorbereitung, Der neue Leitfaden (5. Auflage), Berlin: Cornelesen.

Müller, Joachim (2012) www.zitate.de, Praxis, [WWW document] Bonn: Deutsche Wirtschaft AG, eingestellt in: http://www.zitate.de/kategorie/Praxis/ (Stand: Juni 2012)

Pahl, Jörg- Peter (2007) Berufsbildende Schule, Bestandsaufnahme und Perspektiven. Bielefeld: Bertelsmann.

Pahl, Jörg- Peter (2009) Berufsfachschule, Ausformungen und Entwicklungsmöglichkeiten, Bielefeld: Bertelsmann.

Schelten, Andreas (2004) Einführung in die Berufspädagogik (3. Auflage), Wiesbaden/ Stuttgart: Steiner.

Ständige Konferenz der Kultusminister der Länder in der Bundesrepublik Deutschland (2012) Berufsfachschule, [WWW document] Berlin/ Bonn, eingestellt in: http://www.kmk.org/bildung-schule/berufliche-bildung/berufsfachschule.html (Stand: Juni 2012).

Tenberg, Ralf (2001) Multimedia und Telekommunikation im beruflichen Unterricht. Theoretische Analyse und empirische Untersuchungen im gewerblich- technischen Berufsfeld, Frankfurt am Main: Lang.

Tulodziecki, Gerhard (1999) Medien in der beruflichen Bildung, In: Kaiser, Franz- Josef & Pätzold, Günter (Hg.), Wörterbuch der Berufs- und Wirtschaftspädagogik,. Bad Heilbrunn/ Hamburg: Julius Klinkhardt.

10. Anhangsverzeichnis

    10.1 Abbildung 0-1: Medien beruflichen Lernens – Auswahlkriterien…................16

    10.2 Abbildung 1-1: Erfahrungskegel nach Dale……………….............................17

10.1 Abbildung 0-1: Medien beruflichen Lernens – Auswahlkriterien

Auswahlkriterien / Arten von Medien	Originalteile	Modelle	Lehr- und Lernbücher	Lernprogramme	Filme	Arbeitsblätter	Arbeitsprojektorfolien	Internet	Sonstiges
1) Didaktisch-methodische Gesichtspunkte									
Werden mit dem Medium die Intentionen erfüllt?									
Ist das Medium für die Lernenden geeignet?									
Können mit dem Medium wesentliche Ziele der geplanten Unterrichtseinheit erreicht werden?									
Können Ziele angestrebt werden, die auf die Handlungsfähigkeit in der Berufs- und Lebenswelt abgestellt sind?									
Lassen sich fachliche und weitere Inhalte vermitteln?									
Können Handlungsabläufe dargestellt werden?									
Lassen sich berufliche Realitäten abbilden?									
Ist es möglich, Arbeitsverfahren zu simulieren oder konkret darzustellen?									
Ist die Möglichkeit der Verallgemeinerung (Generalisierung) von Vorgängen gewährleistet?									
Ist die Übertragbarkeit des zu Vermittelnden gegeben?									
Lassen sich mit dem Medium wesentliche Kompetenzen vermitteln?									
Werden durch das Medium spezifische inhaltliche Merkmale akzentuiert?									
Werden unwesentliche Merkmale reduziert?									
Repräsentiert das Medium gegenwarts- und zukunftsbedeutsame Inhalte?									
Lassen sich mit dem Medium die angestrebten Methodenkonzepte umsetzen?									
Ist die Komplexität des Mediums von den Lernenden zu erfassen?									
Kann das Medium zur Lernförderung beitragen?									
Lassen sich mit dem Medium Arbeits- und Geschäftsprozesse veranschaulichen?									
Ist das Medium geeignet, selbstständiges Handeln zu erlernen?									
Ist selbstständiges Arbeiten der Lernenden mit dem Medium möglich?									
2) Organisatorische und ökonomische Gesichtspunkte									
Stehen die Kosten des Mediums zu den erwünschten Lernresultaten in einem vertretbaren Verhältnis?									
Ist das Medium verfügbar, wenn es gebraucht wird?									
Eignet sich das Medium für die Lerngruppe?									
Ist die technische Qualität des Mediums einwandfrei?									
Ist das Medium unempfindlich und haltbar?									
Ist das Medium langlebig?									
Lässt sich das Medium in den vorhandenen Räumen einsetzen?									
Sind die Kosten für Verschleiß- und Gebrauchsteile vertretbar?									
Treten durch das Medium keine Unfallgefahren auf?									

Abb. 69: Auswahlmatrix: Medien beruflichen Lernens

Quelle: Pahl, Jürgen-Peter, Berufsfachschule, Ausformungen und Entwicklungsmöglichkeiten, Bielefeld 2009: Bertelsmann, S.484.

10.2 Abbildung 1-1: Erfahrungskegel nach Dale

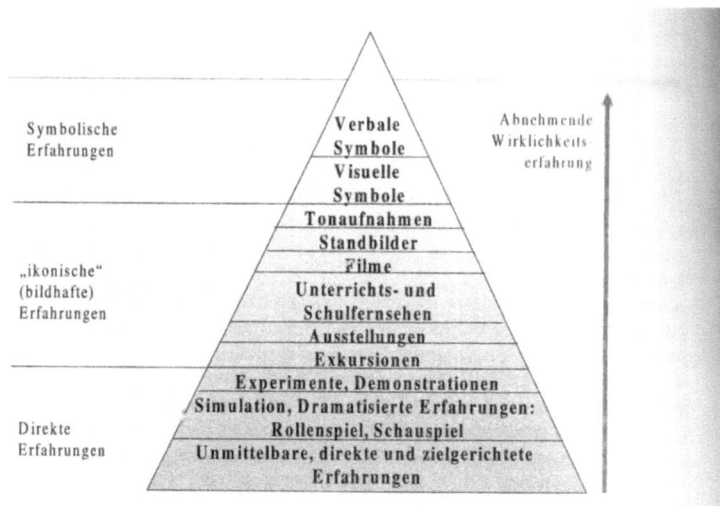

Übersicht 42: Einteilung der Medien nach dem Grad der Wirklichkeitserfahrung: Erfahrungskegel von Dale nach Kunert (1977, S. 88), Faber (1987, S. 21).

Quelle: Schelten, Andreas, Einführung in die Berufspädagogik (3. Aufl.), Wiesbaden: Franz Steiner, S.240.